AI와 방송 작가

AI문고

인공지능 시대입니다. 기계가 인간의 인지를 대신하고, 사물이 인간을 통하지 않고 다른 사물과 직접 커뮤니케이션합니다. 이에 따른 인간 삶과 문명 변화를 정확히 이해·예측·대응하는 것은 이 시대 우리 모두의 과제입니다. AI문고는 인공지능 기술과 환경의 여러 주제를 10가지 키워드로 정리합니다. 관련 개념과 이론, 학계와 산업계의 쟁점, 우리 일상의 변화를 다룹니다. 인간과 기술의 현재, 미래를 세심히 분석합니다.

일러두기

- 인명, 작품명, 저서명, 개념어 등은 한글과 함께 괄호 안에 해당 국가의 원어를 병기했습니다.
- 외래어 표기는 현행 어문규정의 외래어표기법을 따랐습니다.

처음이세요?

전문가세요?

AI와 방송 작가

서가정

대한민국, 서울, 커뮤니케이션북스, 2025

AI와 방송 작가

지은이 서가정
펴낸이 박영률

초판 1쇄 펴낸날 2025년 7월 18일

커뮤니케이션북스(주)
출판 등록 2007년 8월 17일 제313-2007-000166호
02880 서울시 성북구 성북로 5-11
전화(02) 7474 001, 팩스(02) 736 5047
commbooks@commbooks.com
www.commbooks.com

ISBN 979-11-430-0649-3 03500

책값은 뒤표지에 표시되어 있습니다.

차례

쓰는 사람과 만드는 기계

한때 방송은 텔레비전과 라디오로 송출되는 것이 전부라고 생각했던 때가 있었다. 그러나 스마트폰이 등장하고, 유튜브 같은 플랫폼이 확산되면서 방송의 형태는 훨씬 다양해졌고, 방송 작가의 일도 더 넓은 영역으로 확장되기 시작했다. 그리고 이제, 생성형 인공지능이 등장하면서 방송 작가의 역할은 단순한 변화가 아닌 본질적인 재정의를 요구받고 있다.

기술'도' 쓰는 시대, 우리는 무엇을 어떻게 써야 할까? 인공지능(AI, Artificial Intelligence)은 더 이상 미래의 기술이 아니다. 이미 우리의 일상 속에 있으며 일부 업무는 조용히 대체되거나 확장되고 있다. 프롬프트 한 줄로 개요를 작성하고, 자료를 찾고 요약하며, 말투와 문장까지 흉내 내는 AI의 등장은 방송 작업의 효율성을 높이는 동시에, 방송 작가라는 직업의 본질에 질문을 던진다. 기술은 빠르게 발전하고 있는데, 방송 작가는 무엇을 준비해야 하는가? 무엇을 고민하고 무엇을 써야 할까?

방송 작가는 콘텐츠 산업의 최전선에서 '이야기를 구

성하고, 정보를 조직하며, 감정을 설계하는' 사람이다. 단순한 글쓰기가 아니라 콘텐츠의 구조와 맥락을 조율하고 시청자와 청취자가 연결되는 언어를 설계한다. 그러나 생성형 AI의 출현은 우리 고유의 것이라 생각했던 '쓰기'를 기술로 대체 가능하게 만들고 있다. 생성형 AI는 단순히 초안을 쓰는 수준을 넘어, 방송 포맷을 제안하고, 콘셉트를 조합하며 특정 문체나 말투를 학습하고 복제하는 수준에 이르렀다. 이것은 방송 작가의 기능 중 상당 부분이 패턴화된 언어, 글을 생산할 수 있는 구조로 바뀔 수 있음을 보여 준다. 그렇다면 AI 시대에 방송 작가로 존재한다는 것은 무엇을 의미하는 것일까.

이 글은 단지 글을 쓰는 노동자가 아닌 사회적 의미를 구성하는 역할자라는 인식을 바탕으로 했다. 지금 이 시점에서 방송 작가에 대해 이야기하는 것은 인간의 창작이 어디까지 유지될 수 있는가에 대한 고민과도 결을 같이한다.

플랫폼, 알고리즘, 자동화의 결합

오늘날 방송 작가는 기술 변화의 직격탄을 맞고 있다. 과거에는 기획자와 작가, 연출자와 기술 인력이 명확히 구분되어 방송이 제작되었다. 그러나 플랫폼 중심의 콘텐츠 환경에서는 그 경계가 흐려지는 듯하다. 예능에서는 AI가 출연자의 성향을 분석해 적절한 상황극과 대사를 제안해 주고, 다큐멘터리 제작에서는 자료로 쓰는 내레이션 생성도 가능하다. 뉴스 콘텐츠의 경우 이미 일부 언론사에서는 AI 기상캐스터, AI 앵커가 방송을 진행하고 있다. 유튜브 콘텐츠 기획자들은 섬네일 이미지와 제목, 해시태그까지 자동으로 제안하는 생성형 AI를 일상적으로 사용하고 있다.

이러한 흐름 속에서 방송 작가의 역할이 조금씩 변형되고 있다. 자료를 수집하는 능력보다 AI가 만든 수많은 결과물 중 맥락에 맞는 것을 선별하고, 책임질 수 있는 표현으로 조정하는 능력이 점점 중요해지고 있다.

이제 방송 작가는 단순히 기술의 사용자로 남는 것이 아니라, 결과물에 의미를 부여하고 맥락을 연결하는 판단자로 전환되어야 한다.

기술은 점점 더 사람처럼 말하고, 사람처럼 구성하지만 그 말의 무게와 윤리, 감정의 폭은 여전히 인간의 해석을 필요로 한다. 방송은 감정의 매체이기도 하고 이야기의 맥락을 통해 세계를 구성하는 장르다. 그렇기 때문에 방송 작가의 역할은 기술이 아무리 발전해도 쉽게 대체될 수 없다. 문제는 어떻게 기술을 사용하고, 기술과 사람의 역할을 어디까지 정의할 것인가에 있다.

아이템 선정의 기준과 방식

이 책은 총 10개의 장으로 구성되어 있으며, 각 장은 방송 작가의 직무 변화와 AI 기술이 접점을 이루는 핵심 주제로 구성되었다. 아이템 선정 기준은 다음과 같다.

첫째, 방송 현장에서 AI가 이미 영향을 미치고 있는 지점에 주목했다. 자료 조사, 대본 초안 작성, 자막 구성, 음성 변환, 이미지 생성 등 기술이 개입하는 단계들을 선별했다. 작가가 체감하는 변화의 우선순위를 선별해, 읽는 이에게 실질적인 공감과 통찰을 제공하고자 한다.

둘째, 근접한 미래에 방송 제작 환경에서 일반화할 가능성이 높은 기술을 중심으로 구성했다. 이미 널리 알려진 챗GPT와 같은 거대언어모델(LLM, Large Language Model), 이미지 생성 모델, 음성 합성 기술, 영상 자동 편집 도구 등이 포함됐다. 기술의 현황뿐 아니라, 작가가 이에 어떻게 접근하고 있는지를 실증적 데이터와 함께 구성했다.

셋째, 작가의 고유 영역으로 여겼던 창의성, 감정 설계, 맥락 이해, 윤리적 판단 등의 기능을 AI가 어떻게 따라잡고 있는지 분석했다. 즉 기술적 기능성과 직업적 정체성이 교차하는 지점을 추출하고, 이에 대한 작가의 전략과 태도 등의 다양한 방식들을 균형 있게 보려고 노력했다.

이러한 기준은 현업 방송 작가들을 대상으로 한 설문 조사와 다양한 자료 분석, 교육 현장에서의 경험, 미디어학 연구 자료를 종합해서 도출했다.

각 장은 이론적 설명보다는 실제 사례 분석과 방송 현장의 실천에 더 중점을 두고 구성했다. 특히 실무 현장과의 연결을 고려해, 예능이나 시사, 다큐 등 방송 장르별 차이와 플랫폼 쓰기 방식의 차이 등도 반영했다.

기술을 둘러싼 더 넓은 질문

본문에서 다루지 못했지만, 방송 작가와 AI의 관계를 논의하는 데 추가로 탐색되었으면 하는 영역이 있다.

AI가 생성한 콘텐츠의 법적 책임 문제, 방송 작가가 AI와 협업해 만든 결과물에 대한 저작권 문제다.

방송사는 이를 어떻게 표기해야 하며, 시청자에게 어떤 방식으로 투명성을 제공해야 할까? 또 저작권 구조가 불분명한 상태에서의 작가의 노동은 '일을 했지만 가려진' 것이 될 수 있는데, 이는 향후 노동권과 직무 윤리 문제로도 이어질 수 있다.

시청자의 인식 변화도 다루어져야 할 문제다. AI가 개입한 콘텐츠에 대한 시청자의 수용 방식은 단순히 품질만이 아니라 기원에 대한 정보로도 판단된다. 그렇다면 제작진은 기술의 개입을 어떻게 나타내야 할까? 콘텐츠의 진정성과 몰입도 유지도 간과할 수 없는 문제다. 시청자 인식 변화 고려가 새로운 고민 중 하나가 된 셈이다.

작가들 간의 AI 활용 격차도 논의되어야 한다. 젊은 방송 작가들은 AI를 창작 도구로 받아들이는 데 익숙하지만 기존의 경력직 작가들은 AI 창작물에 대한 윤리 문제에 조금 더 보수적이다. 이 간극을 좁히기 위한 논의도 필요해 보인다.

또 현재 방송 작가를 포함한 미디어 제작자들을 위한 AI 교육 시스템의 부재도 문제다. AI를 어떻게 활용해야 할지, 데이터 기반 스토리텔링이나 프롬프트 설계 등에 대한 교육은 거의 이루어지지 않고 있다. 방송 작가들은 AI를 개별적으로 학습해야 하고 AI에 대한 윤리 문제, 보수적 접근 등에 대한 고민은 혼자 해야만 한다. 특히 양질의 AI 교육 시스템을 찾는 것부터가 난관이다. AI 교육 시장은 블루오션이자 무법지대이기 때문이다.

방송 작가의 재정의

기술의 발전은 이제 점진적이라기보다 비약적으로 이루어지고 있다. 불과 몇 년 전만 해도 실현 불가능해 보이던 기술이 어느 날 갑자기 현실로 다가온다.

2010년대 초반 처음 공개됐을 때 극찬과 함께 기대를 모았던 구글 글래스는 결국 상용화에 실패했다. 10년이 지나자 이번엔 애플이 비전프로(Vision Pro)라는 혼합현실(MR, Mixed Reality) 기기를 공개하며, 현실과 가상을 넘나드는 '공간 컴퓨팅' 시대를 열었다. 그러자 올해 구글이 다시 새로운 XR 글래스를 발표했다. 무겁다는 평이 있던 비전프로에 비해 진짜 안경처럼 생겼고 성능도 뛰어나다. 안경 속 카메라가 모든 것을 기록하고 실시간 통역도 해 준다.

이처럼 눈앞의 화면을 손짓으로 조작하고, 실제 공간 위에 디지털 창을 띄워 작업을 이어가는 모습은 이제 영화 속 장면이 아니다. 와인바움(Stanley G. Weinbaum)의 소설 〈피그말리온의 안경(Pygmalion's Spectacles)〉(1935)이 더 이상 상상 속의 기술이 아니다.

자고 일어나면 기술은 발전하고 환경은 변하고 있다. 그러나 기술이 아무리 발전하더라도 결국 방송은 사람을 향한 매체다. 방송 작가는 기술 변화의 속도를 따라잡는 동시에 인간 고유의 창의성과 책임감은 놓지 않아야 한다.

기술이 더해지면서 쓰기의 방식과 책임의 구조가 달라지고 있다. 그러나 여전히 우리는 창의적으로 '쓰는 사람'이다. 사고하고 쓰고 완성하는 것에 대한 기쁨은 사람만이 누릴 수 있다.

참고문헌

박대기(2025.5.22). "구글 10년 만에 '스마트 안경' 공개… 애플과 다른 점은?". KBS, https://news.kbs.co.kr/news/pc/view/view.do?ncd=8260945&ref=A

살만 칸(2024). 《나는 AI와 공부한다》. 박세연 옮김(2025). RHK.

안종배(2022.1.3). "아나운서·작가에 편집까지… 방송도 'AI 천하'". 《브릿지경제》, https://www.viva100.com/20211222010006548

01
방송가에 등장한 AI

AI는 더 이상 먼 기술이 아니다. 처음 방송가에서 신기한 아이템으로 다뤄지던 AI는 이제 그 자체로 프로그램의 주제가 되기도 하고, 실제 제작 과정에 참여하는 존재로 변화하고 있다. AI는 어떻게 방송 콘텐츠의 주제로 다뤄지고, 어떤 방식으로 방송 제작의 일부가 되어 가고 있을까. 이 과정에서 방송 작가는 새로운 역할을 요구받고 있다.

AI와 1인 창업?

아이템으로 등장하던 AI

'이제는 AI가 뉴스를 만든다.' 조금은 과장된 말처럼 들릴 수도 있지만, 오늘날 방송 작가가 가장 자주 마주하는 키워드 중 하나가 바로 'AI'다.

방송국은 크게 보도국과 편성제작국으로 나뉜다. 두 부서의 작가 업무에는 차이가 있다. 특히 보도국 작가는 사회적 현상에 보다 기민하게 반응하며, 변화의 조짐을 누구보다 빠르게 포착해야 한다. 예를 들어 인터뷰이를 섭외할 때 편성제작국 작가는 방송의 재미와 대중성을 고려해 캐릭터의 흥미로운 이력을 우선한다. 반면 보도국 작가는 이슈와의 관련성, 시의성, 공신력 등을 주요 기준으로 삼는다. 이러한 기준의 차이는 아이템 선정에도 그대로 반영된다. 방송에서 다룰 주제는 방송 시점의 사회 상황과 맞아야 하며, 동시에 보편적인 관심을 끌 수 있어야 한다.

필자는 2025년 현재 KBS부산방송총국에서 〈키워드 이슈〉라는 프로그램 제작에 참여하고 있다. 매주 사회적으로 주목받는 키워드를 선정해 개념을 소개하고, 왜 화제가 되었는지, 어떤 논란이 있는지, 그리고 그 파장이 사회에 어떤 영향을 미칠 수 있는지를 다룬다. 내가 작성한 원고는 담당 기자의 데스킹을 거쳐 자막과 컴퓨터그래픽(CG)이 더해지고 하나의 방송 프로그램으로 완성된다.

〈키워드이슈〉에서 AI가 아이템 자체로 처음 등장한 것은 2024년 1월 2일 방송된 '호모 프롬프트' 편이었다. 거대언어모델(LLM)을 기반으로 한 챗GPT가 출시된 지 거의 1년 만이라고 할 수 있다. 생성형 AI가 대중화되는 과정에서 프롬프트의 중요성을 짚은 내용이었다. '호모 프롬프트' 편을 시작으로 AI는 〈키워드이슈〉에서 아이템의 하나로 종종 등장하기 시작했다. 주로 딥페이크나 AI 반도체 개발, AI 안전서약 같은 AI 범용화에 따른 사회적인 문제나 이슈 등에 관한 내용들이 다뤄졌다.

챗GPT 같은 거대언어모델의 등장 이후 AI는 더 이상 특별한 주제가 아니다. 오히려 AI 자체가 하나의 장르처럼 방송 안에 정착하고 있다. 그 흐름을 반영하듯, 부산KBS에서는 'AI'를 주제로 한 새로운 코너, '아핫AI'를 신설했다.

'아핫AI'는 AI프렌즈학회 이사이자 동명대학교 시각디자인과 원종윤 교수가 진행자로 출연해 매주 변화하는 AI 기술과 다양한 활용 사례를 전하고 있다. 이 프로그램은 2024년 8월, '버추얼 휴먼'을 시작으로 매주 AI 기술과 활용 사례를 다루며 꾸준히 방송 중이다.

처음 석 달 정도는 패션이나 게임 등 주로 AI 기술의 활용 사례에 집중했다면, 최근에는 주로 AI가 사회에서 어떻게 융합되고 있는지를 들여다보는 아이템의 비중이 높아지고 있다. 2024년 12월 10일 송출된 '장애를 넘어선 AI' 편을 예로 들 수 있다. 구글의 '프로젝트 유포니아(Project Euphonia)'로 개인별 맞춤형 음성 인식 AI가 환자들의 음성을 수집하고 학습해 중증 뇌병변 장애인의 의사소통을 돕는 등 기술의 발전이 포용적 AI를 만드는 데 도움이 된다는 내용이다.

이처럼 방송 속 AI 아이템은 단순한 기술 소개를 넘어, 사회의 변화를 비추는 거울이자 새로운 문제의식을 던지는 도구로 확장되고 있다. 방송 작가들은 그 변화의 한복판에 서 있다.

제작에 참여하는 AI

이제 AI는 방송 아이템 중 하나가 되었다. 그와 동시에 AI는 프로그램 제작의 도구로서도 점점 더 중요한 역할을 하고 있다. AI가 방송 제작 과정에서 본격적으로 주목받기 시작한 시점은 2020년경이다.

2020년 엠넷은 2008년 세상을 떠난 가수 '터틀맨'의 목소리를 AI로 복원한 음악 프로그램을 선보이며 큰 화제를 모았다. 가수의 생전 음성 자료와 악보 데이터를 AI에게 학습시켜, 마치 터틀맨이 다시 살아난 듯한 공연을 연출했고, 이는 많은 시청자에게 감동을 안겨 주었다.

2021년 1월, SBS에서도 가수 '김광석'의 목소리를 되살린 프로그램을 신년 특집으로 제작, 송출하면서 AI는 방송가의 프로그램 제작 도구로 주목받기 시작했다. 이는 단순히 텍스트를 음성으로 변환하는 TTS(Text to Speech) 기술을 넘어 고인의 음색과 창법, 감정 표현까지 세밀하게 구현하는 AI 기술의 발전을 보여 주는 사례였다.

기계적인 음성 출력을 넘어 이제는 아티스트의 고유한 표현력과 감정까지 재현 가능한 수준에 도달한 것이다. 이처럼 AI는 방송가에서 '복원'의 기술로 먼저 주목받기 시작했다.

AI를 제작 도구로 활용한 작업에 직접 참여하게 된 것은 다큐멘터리 영화 〈백산, 의령에서 발해까지〉(2025)다. 독립운동가 백산 안희제 선생에 대한 다큐멘터리 영화로 맨 처음 자료 조사 단계부터 난관에 부딪혔다. 백산 선생의 자료가 너무 적었기 때문이다.

백산 선생은 조선어학회 사건 이후 부산과 만주를 드나들며 기록했던 '만몽일기' 등 주요 기록들을 직접 소각

해 버렸고, 남아 있는 사진들도 훼손이 있거나 오래돼 복원에 어려움이 있었다. 이에 제작진은 영상 제작을 위해 AI 기술을 적극 활용했다.

우선 AI로 백산 선생의 남아 있는 사진들을 분석해 훼손된 부분은 복구하고, 다양한 연령대로 나누어 얼굴 이미지를 생성했다. 또 백산 선생이 활동했던 당시의 부산 시내 전경이나 관부연락선이 정박한 부산항 사진 등의 자료를 움직이는 영상처럼 구현하기 위해 이미지 애니메이션 AI를 활용했다. 특히 딥페이크 기술로 복원한 백산 선생은 영화 구성에 핵심 요소가 되었다.

이처럼 AI는 프로그램 제작에서 '복원'의 도구로 시작해, 쓰임새를 점차 확장하고 있다. 이제는 AI가 앵커의 목소리를 수집하고 학습해 직접 앵커가 되어 뉴스를 진행한다. 또 'AI 카메라 시스템'의 도입으로 카메라가 스스로 출연자의 동선을 따라 움직이며 촬영하는 것도 가능하다.

심지어 KBS에서는 2025년을 'AI 방송 원년'으로 선포하며, AI 기술을 적극 활용하겠다고 밝혔다. 이제 방송 현장에서 AI는 보조적인 기술이 아닌 필수 존재로 자리 잡고 있다.

그런 점에서 방송 작가들이 AI를 어떻게 바라보고 받

아들여야 할지에 대한 고민도 깊어지고 있다.

참고문헌

임재성(2025.3.5). "KBS 'AI 방송 원년 삼을 것'… '통합 메시지 내는 데 집중'". KBS뉴스, https://news.kbs.co.kr/news/pc/view/view.do?ncd=8191640&ref=A

조원진(2025.3.22). "AI로 되살아난 독립운동가 백산 안희제, 그 숨겨진 이야기". 《서울경제》, https://www.sedaily.com/NewsView/2GQCE43UO3

최다은(2022.6.27). "송해 · 터틀맨이 돌아왔다 … 몸짓 · 목소리까지 되살린 AI". 《한국경제》, https://www.hankyung.com/article/2022062799831

KBS지역국(2024.1.2). "〈키워드이슈〉 호모 프롬프트". KBS뉴스, https://news.kbs.co.kr/news/pc/view/view.do?ncd=7856470&ref=A

02
AI 시대 방송 작가의 현재

AI는 이미 방송 작가의 책상 위에 놓여 있다. 특히 전사 작업, 자료 조사 보조 등 반복적이고 정형화된 업무에서 AI의 존재감은 나날이 커지고 있다. 조사를 통해 실제 현업에 종사하는 방송 작가들은 AI를 어떻게 활용하고 있고, 또 어떻게 바라보고 있는지를 다룬다. 아울러 창작 현장 전반에서 AI는 어떤 의미로 다가오고 있는지 고민해 본다.

AI와 MBTI?

방송 작가 곁의 AI

이제 AI 기술의 발달은 방송 제작의 외곽에 머무르지 않는다. 특히 거대언어모델(LLM)은 콘텐츠 기획이나 트렌드 분석 등 방송 작가의 고유 영역까지 깊숙이 침투하고 있다. 방송계 전반에서 AI로 인한 업무 전환이 이미 진행 중이며 그 흐름은 점차 뚜렷해지고 있다.

대표적인 사례가 바로 전사 작업의 자동화다. 전사는 영상 속 인터뷰나 발화 내용을 텍스트로 옮기는 과정으로, 영상 속 내용의 흐름을 보다 명확히 파악하고 편집, 자막, 내레이션 삽입 등 후속 작업을 준비하는 데 필수 절차다. 과거에는 이 작업을 '스크립터'라고 부르기도 했고, 막내 작가가 담당하거나, 별도의 인력을 섭외해 진행하곤 했다. 그러나 지금은 사람이 전사를 전담하는 경우는 드물어졌다. AI가 등장하면서 예전처럼 하나하나 듣고 받아쓰던 작업은 더 이상 필요하지 않다. 이제는 AI가 짧은 시간에 전사본을 생성하고 작가는 그 내용을 토대로 흐름을 파악하고 후반 작업을 진행한다. AI가 전사 업무를 완전히 대체했다고는 할 수 없지만, 전사 작업의 대부분이 이미 자동화되었다는 점은 분명하다.

직접적으로 AI를 활용하고 있다고 인식하지 못하는 방송 작가들조차도 실제로는 다글로(Daglo)나 뷰

(View) 같은 AI 기반 자막 생성기로 전사 작업을 처리하고 있다. AI는 어느새 방송 작가의 일상에 자연스럽게 스며는 셈이다.

그런데 작가들은 과연 변화를 얼마나 체감하고 있을까? 실제로 방송 작가들은 AI를 어떻게 활용하고 있으며, 또 이를 어떤 시선으로 바라보고 있을까? 이러한 물음에 답을 얻기 위해 방송 작가들을 대상으로 설문 조사를 진행했다. 응답자들은 주로 어떤 도구를 사용하고 있으며, 어떤 업무에서 AI의 도움을 받고 있을까? 그리고 그들의 마음속에 공존하고 있는 AI에 대한 기대와 불안도 살펴보았다.

AI의 실질적 활용

설문조사는 2025년 3월 31일부터 4월 20일까지 약 3주간 네이버폼을 활용해 온라인으로 진행되었으며, 현업 방송 작가 78명이 응답에 참여했다. 이 중 81%가 경력 7년 이상의 중견급 작가였고, 절반 이상이 15년 이상의 경력을 보유하고 있었다. 조사에 참여한 작가들의 주 활동 분야는 시사 · 교양 분야가 가장 많았으며, 예능, 다큐멘터리, 유튜브 순이었다. 이는 응답자의 다수가 실무 경험이 풍부하고 정보 전달 중심의 콘텐츠에 종사하는 작가일수록 AI에 대한 설문 자체에 흥미가 있다는 점을 보여 준다.

응답자의 88%는 방송 작업에 AI를 사용해 본 경험이 있다고 답했다. 가장 많이 사용해 본 도구는 단연 챗GPT였으며, 클로바더빙과 같은 음성 합성 도구도 34%가 활용해 본 것으로 나타났다. 이외에도 이미지 생성 AI나 자동 자막 생성기 등의 AI 도구들도 일부 사용되고 있었다.

실제 AI 사용에서 가장 큰 도움을 받은 영역은 '자료 조사 및 정리'(32%), '아이디어 발상'(19%), '문장 교정'(15%) 순으로 나타났다. 전체적으로는 반복적이고 구조화된 작업에서 AI의 효용이 높게 평가되었다. 즉 시간이 많이 소요되던 기초 업무에서 AI가 보조 역할을 충실히 수행하고 있다는 의미다. 이처럼 많은 작가들이 AI를 업무 보조 도구로 활용하고 있다. 그러나 AI에 대한 과신을 경계하는 분위기도 함께 감지된다.

그리고 방송 작가들의 고민

2023년 5월, 미국작가조합(WGA, Writers Guild of America)은 148일간의 파업을 진행했다. 파업의 핵심 쟁점 중 하나는 AI 기술의 도입이 작가의 권리를 침해할 수 있다는 우려였다. 작가들은 제작사가 AI가 생성한 대본을 사용할 경우, 창작자의 자리를 위협할 수 있다고 보았고, AI를 활용한 작업을 강요당할 가능성에 대해서도 경계했다. 이 파업은 반년 가까이 이어지다 같은 해 9월 마무리되었으며, 합의문에는 "제작사는 작가에게 AI 사용을 강요할 수 없으며, AI가 쓴 콘텐츠는 작가의 원작으로 간주하지 않는다"라는 AI 규제 조항이 포함되었다. AI가 일자리를 대체할 수도 있다는 우려는 비단 먼 곳의 이야기가 아니다.

얼마 전 제작진들과 나눈 대화에서도, 다양한 분야의 방송 종사자들이 AI로 인한 위협과 기대를 동시에 이야기했다. 아나운서는 AI 앵커 도입에 우려를 표했고, 촬영 감독들은 AI에 의한 촬영의 효율성은 인정하면서도 제작 일감의 축소 가능성에 대한 걱정을 드러냈다.

편집, 음향 감독들 역시 AI가 후반 작업 영역을 잠식할 수 있다는 불안을 내비쳤다. 방송 작가들 역시 예외는 아니다. 앞서 진행한 설문조사에 따르면 'AI 기술이 방송작가 업무에 도움이 되는가?'라는 질문에 응답자의 73%가 긍정적이라고 답했다. 주로 도움을 받은 부분은 자료조사와 아이디어 발상이었다.

이미 많은 작가들이 아이템 발굴이나 기초 자료 조사 단계에서 AI를 효율적인 도구로 활용하고 있다. 그러나

'AI가 방송 작가의 자리를 위협한다고 느끼는가?'라는 질문에, 응답자의 42%는 '중립', 42%가 '다소 위협적이거나 매우 위협적'이라고 답했다. 이는 절반 가까운 방송 작가들이 AI를 유용한 도구로 인식하면서도, 동시에 자신의 자리가 대체될 수도 있다는 양가적 감정을 갖고 있음을 보여 준다.

이러한 고민은 방송계에만 국한된 것이 아니다. 2024년 일본의 최고 권위 문학상인 아쿠타가와상을 수상한 소설 〈도쿄도동정탑(東京都同情塔)〉의 작가 구단 리에(九段理江)는 수상 직후 '전체의 5%는 AI가 만든 문장을 그대로 썼다'고 밝혀 일본 문단을 크게 흔들었다. 작가는 AI는 도구일 뿐이라고 강조했지만, 문학계에서는 창작의 고유성이 침범당할 수 있다는 현실을 체감했다.

방송이든 문학이든, 창작의 최전선에 선 사람들은 지금 AI를 마주하고 있다. 이제 방송 작가는 AI 시대를 어떻게 대응할 것인가를 고민하는 단계를 넘어, 실제로 AI를 어떻게 활용하고, 어떻게 인간 고유의 창작성은 지키면서도 기술의 도움을 받아 낼 것인가를 고민해야 할 때에 이르렀다. 그 고민은 이미 작가들의 실무 속에서 작게나마 시작되고 있다.

참고문헌

김남중(2025.3.30). “日 아쿠타가와상 수상 작가, AI가 95% 쓴 소설 발표”. 《국민일보》, https://www.kmib.co.kr/article/view.asp?arcid=0027917652&code=61131211

윤유경(2024.5.29). “위기의 지역방송, ‘비용절감’AI 앵커의 그늘, 30”. 《미디어오늘》, https://www.mediatoday.co.kr/news/articleView.html?idxno=318163

최영주(2023.9.27). “AI가 부른 할리우드 작가 파업, 5개월 만에 종료… 제작 정상화될까?”. YTN, https://www.ytn.co.kr/_ln/0104_202309272001492893

편집위원회(2024.6.21). “AI가 기사 쓰고 뉴스 진행… 언론사는 준비돼 있나”. 《한국기자협회보》, http://www.journalist.or.kr/news/article.html?no=56032

03
콘텐츠 기획

아이템을 기획하고 세상의 흐름을 읽는 일은 방송 작가의 핵심 역량 중 하나다. AI는 작가의 기획 과정에서 어떻게 활용될 수 있을까. 시의성을 반영한 이슈 선택부터 상상이 더해진 새로운 기획 방향의 작업까지 AI는 기획의 좋은 조력자가 된다. 방송 작가는 AI가 제시하는 수많은 데이터와 가능성 사이에서 최종적인 연결점을 찾아야 한다. 해석자이자 기획자의 역할도 더해지고 있는 것이다.

AI와 난임 극복?

아이템 발굴의 연결고리

방송 작가에게 창의력은 선택이 아닌 필수다. 매 작업 요구되며, 방송 작가를 다른 직업군과 구분 짓는 핵심 역량이다. 그리고 그만큼 많은 작가들이 큰 부담으로 느끼는 부분이기도 하다. 뉴스처럼 사건 · 사고를 다루거나, 이미 주제가 확정된 다큐멘터리와는 달리 매주 또는 매회 새로운 아이템을 발굴해야 하는 프로그램에서 아이템 선정은 방송 작가의 끊임없는 고민이자 과제다.

AI는 이러한 고민을 덜어 내는 데 도움을 줄 수 있다. 생성형 AI에 특정 키워드를 입력하면 관련된 다양한 주제와 접근 방식 등을 빠르게 제시받을 수 있다. 예를 들어 KBS부산방송총국에서 방송 중인 〈키워드이슈〉를 보자. 이 프로그램은 매주 정치, 경제, 사회 등 다양한 분야에서 주목받고 있는 '키워드'를 선정해 프로그램을 제작한다. 그러나 아이템 선정 과정에서 어려움을 겪을 때도 있다. 주제가 다소 편향적이라 방송용으로 적합하지 않거나, 분량이 충분치 않은 경우, 대중의 흥미를 끌기에 부족한 경우 등이 그렇다. 이런 상황에서 AI를 활용하면, 보다 폭넓은 주제 제안이나 다양한 접근 방식을 빠르게 얻어 아이템 발굴의 한계를 보완할 수 있다.

2025년 4월 넷째 주 아이템이 그런 경우다. 적절한 아이템을 선정해야 하는데, 아이디어가 딱히 떠오르지 않았다. 그 시기에 계속해서 보도된 영남권 대형 산불이나 정치 사안들은 구성물로 잡기에는 이미 보도량이 많고, 직접 다루기엔 주제도 무거웠다.

지역에서도 특별히 아이템으로 다룰 것이 없었다. 이에 AI를 활용했고, 시의적절하고 대중의 흥미를 끌 수 있을 만한 아이템을 발굴해 냈다. 그것은 영남권 대형 산불이 끼친 농가 피해와 그로 인한 식품 원료 가격 상승, 가공식품 물가지수 상승을 다룬 '산불과 물가'였다.

산불은 꺼졌지만, 그 여파는 우리 식탁 위까지 번져 있었다. 이를 조명한 '산불과 물가'는 시의적절하고 생활과 밀착된 아이템이라고 볼 수 있다. 이처럼 AI는 예상치 못한 연결고리를 찾는 데 매우 유용한 도구다. 물론 AI가 모든 방송 아이템 발굴에 똑같이 효과적인 것은 아니다.

〈키워드이슈〉처럼 사회 트렌드나 이슈를 다루는 프로그램에서는 생성형 AI가 키워드 선정과 주제 방향 설정에 큰 도움을 줄 수 있다. 그러나 '휴먼 다큐멘터리'처럼 한 사람의 인생 이야기나 깊은 감정선을 다루는 프로그램에서는 AI의 역할에 한계가 있다. 나는 KBS창원방송총국의 〈영남라디오스타〉 아이템을 발굴할 때는 AI를 활용하지 않는다. 일일이 뉴스나 인터뷰를 다 읽어 보고 인터뷰이와 직접 대화를 나눈 뒤 아이템으로 선정한다. 사람의 삶을 하나의 이야깃거리로 만들어 내기 위해 면밀히 관찰하고 새롭게 해석하는 것은 여전히 우리 작가들의 몫이기 때문이다.

AI는 연결고리를 찾아내지만, 정답을 제공하지는 않는다. 따라서 작가 스스로 생각을 더 뻗어가게 만드는 촉진자 역할을 할 수 있다. AI가 제시하는 넓은 주제 스펙트럼과 새로운 접근 방식 중에서 무엇을 선택하고, 어떻게 이야기를 풀어 나갈지는 작가 스스로가 고민하고 결정해야 한다.

자료 조사의 고수

자료 조사는 프로그램 제작의 핵심 과정이다. 아이템 선정이 끝나면 자료 조사로 주제를 정확히 이해하고, 기본 골격을 세운다. 타당성과 신뢰성을 확보하기 위해서는 방대한 정보의 수집과 정리가 필수다. 특히 다큐멘터리처럼 호흡이 긴 프로그램일 경우, 자료 조사 인력을 따로 둘 만큼 자료 조사 과정은 중요하다. 과거에는 수십 개의 기사, 보고서 등을 일일이 찾아 읽고, 홈페이지를 뒤져가며 핵심 정보를 추려야 했다. 물론 지금도 이 과정은 반드시 필요하다. 그러나 여전히 많은 시간과 에너지가 소

모되며, 자료의 편향성을 걸러 내는 것도 쉬운 일은 아니다. 최근에는 다양한 AI 도구들이 이 자료 조사 과정을 빠르게 지원하고 있다. 예를 들어 "학령 인구 감소로 초등학교 입학생이 0명인 도시들에 대해 조사하고, 관련 이슈를 정리해 줘"라고 요청하면, AI는 관련 뉴스, 정부 통계, 학술 연구 결과를 요약해 보여 줄 수 있다. 자료 간의 연결 관계를 분석하거나, 예상하지 못한 연관성을 제시하는 것도 가능하다.

과거에는 학령 인구 감소와 관련된 자료 조사를 위해 교육청이나 통계청 자료를 열람하고 관련 뉴스 등을 찾아 일일이 확인하던 과정을 AI가 획기적으로 단축하는 것이다. 특히 주제와 관련해 예상 못 한 연결고리를 제시하는 것은 AI 활용의 큰 이점 중 하나로 생각한다.

그러나 이 이점이 큰 오점이 되기도 한다. AI가 제공하는 정보는 때로 맥락이 부족하거나, 사실과 다른 내용을 포함할 수 있다. 특히 존재하지 않는 일이나 문헌, 데이터를 그럴듯하게 만드는 '할루시네이션(Hallucination, 환각)' 현상은 방송 제작에 치명적인 오류로 이어질 수 있는 위험 요소다.

방송 작가가 자료 조사를 위해 AI를 활용할 때, 이러한 오류를 인지하지 못한다면 잘못된 정보가 그대로 방송에 반영되는 사고로 연결될 수 있다. 챗GPT와 같은 거대 언어모델은 학습 데이터에 기반을 두고 답변을 생성하지만, 학습된 정보가 부족하면 추정하거나 아예 사실이 아닌 내용을 지어내는 방식으로 답변할 수도 있다.

검색 기능을 결합한 RAG(Retrieval-Augmented Generation, 검색-증강 생성) 방식은 어떨까? RAG는 답변할 때 과거 학습만 사용하는 게 아니라 외부 데이터베이스에서 실제 자료를 검색해 그것을 바탕으로 답변을 생성한다. 이론적으로 기존 LLM보다 더 정확한 답변이 가능할 것으로 기대된다. 그런 생각으로 RAG 방식을 사용하는 AI 기반 검색 엔진 퍼플렉시티(Perplexity)를 활용해 학령 인구 감소에 대해 조사해 보았다. 퍼플렉시티는 전국 초등학교 중 신입생이 0명인 학교 수, 출산율, 고령화 수치 등에 대해 상세히 답변했다. 그러나 퍼플렉시티는 올해 부산 내 신입생 0명인 초등학교의 위치를 '부산진구'라고 답했다. 2025년 기준으로 신입생 0명인 초등학교는 부산시 강서구에 위치해 있다. AI가 2024년 자료를 가져온 것이다.

퍼플렉시티는 가장 관련성 높은 자료를 가져왔지만 최신성을 고려하지 않아 결과적으로 오류가 발생했다. 이는 검색 기반 RAG 시스템에서도 오류가 존재할 수 있음을 보여 주는 사례다. AI는 방송 작가에게 자료 조사의 효율성과 폭을 넓혀 주는 좋은 도구가 되고 있다. 그러나 AI가 제공하는 정보는 언제나 완전무결하지 않다. 그리고 우리는 AI는 사고하지 않는다는 것을 종종 잊곤 한다. AI는 맥락을 잃거나 오류를 포함할 수 있으며, 때로는 사실을 왜곡할 위험도 존재한다.

방송 작가는 AI를 맹목적으로 신뢰하는 것이 아니라 AI가 제공하는 정보를 비판적으로 검토하고, 직접 확인하고 교차 검증하는 과정을 반드시 거쳐야 한다. 프로그램 제작 과정에서 최종적인 책임은 언제나 사람, 그리고 제작진에게 있다는 사실을 잊어서는 안 된다.

참고문헌

김예슬(2025.2.11). "AI시대, 인간은 갈수록 멍청해진다? 비판적 사고 능력 저하". 《데일리투데이》, https://www.digitaltoday.co.kr/news/articleView.html?idxno=552908

김호준(2025.1.8). "2025년 'AI신뢰성 확보' 중요성 커진다". IT DAILY, http://www.itdaily.kr/news/articleView.html?idxno=230242

장하주(2023.9.20). "생성 인공지능, 레그(RAG) 기술 활용해 환각 현상 잡고 신뢰성 높인다". AI라이프경제, http://www.aifnlife.co.kr/news/articleView.html?idxno=21946

04

콘텐츠 제작

기획이 끝난 후 방송을 실제로 만들어 가는 과정에서도 AI는 이미 주요한 역할을 하고 있다. 초안 작성이나 영상의 섬네일 추천 등 방송 작가의 다양한 제작 업무에서 AI는 어떻게 개입하고 있을까. 또 AI의 결과물을 어디까지 받아들이고 활용해야 할까. 방송 작가는 AI와 분업하는 구조 속에서 효율성과 창의성을 동시에 조율해야 하는 새로운 역할을 맡고 있다.

AI와 사주?

매력적인 제작 파트너

이제 AI는 방송 콘텐츠의 기획 단계를 넘어, 제작의 중심 영역까지 깊숙이 진입하고 있다.

대본 작성은 물론 영상 편집이나 전사 작업, 음성 합성 등 방송 제작 전반에서 AI의 활용 가능성은 더욱 넓어지고 있으며 미디어 종사자, 특히 방송 작가는 콘텐츠 기획, 아이템 발굴, 자료 조사 등에서 AI의 도움을 점차 체감하고 있다. 덕분에 제작 과정을 보다 빠르고 효율적으로 수행할 수 있게 된 것이다. 그러나 콘텐츠를 이야기로 완성하고, 이야기 속에 감정을 녹여 내는 것은 여전히 사람의 몫이다. AI는 강력한 도구임은 맞지만, 그 도구를 어떻게 잘 쓰느냐는 사람의 선택에 달려 있다.

이제 생성형 AI는 단순한 문장 생성 도구를 넘어, 방송 제작의 구체적인 '틀'을 제시하는 수준에 도달했다. 키워드나 주제를 입력하면, 그에 맞는 촬영 구성안과 대본의 전체 구조를 자동으로 작성할 수 있다.

예를 들어 "고령화 사회의 문제점을 소개하는 방송용 대본을 작성해 줘. 톤은 차분하고 진지하게"라고 요청하면 AI는 프로그램 시작 멘트, 본문 전개, 마무리 멘트까지 포함하는 기본 틀을 제시할 수 있다. 또한 프로그램의 종류에 따라 감성적인 톤이나 정보 중심의 간결한 톤 등

세부적으로 설정할 수 있다는 것도 장점이다. 방송 작가는 AI가 제시한 초안을 참고해 대본의 흐름을 잡거나, 새로운 문장 구성을 떠올리는 데 도움을 받을 수 있다.

얼마 전 한 사찰에 대한 다큐멘터리 제작 의뢰를 받았다. 구성안 작성을 위해 AI를 활용한 결과, AI는 전체 구성을 7개 단락으로 나누어 제안했다.

첫 번째는 프롤로그로 사찰의 첫인상에 대한 이미지 표현, 두 번째는 사찰과 사찰 주변의 자연, 세 번째는 사찰에 대한 역사와 유래였다. 네 번째는 사찰을 빛낸 고승들의 정신, 다섯 번째는 사찰과 독립운동의 역사, 여섯 번째는 사찰이 현대인에게 가지는 의미, 일곱 번째는 에필로그로 사찰의 종소리에 담긴 상징적 메시지로 마무리되었다. 이 외에 AI는 내레이션의 톤, 드론 · 타입랩스 등 촬영 기법, 적합한 인터뷰이 후보까지 함께 제안했다. 이처럼 AI는 콘텐츠 제작 전반에 걸쳐 구성, 표현, 연출 방식까지 포괄하는 다양한 방식으로 활용할 수 있다.

그러나 모든 영역에 AI가 적용될 수는 없다. KBS 〈영남라디오스타〉를 예를 들어 보자. 이 프로그램은 '라디오'라는 콘셉트로 지역 내 소시민들의 이야기를 풀어내는 30분 분량의 휴먼 다큐멘터리다. 출연자의 일상을 촬영한 VCR(videocassette recorder, 비디오카세트 레코 더)에 아나운서와 출연자의 대담이 더해진다. 대담은 실제 라디오 부스에서 촬영해 교차로 편집한다.

이 프로그램에서 AI의 기여는 제한적이다. 우선 아이템 선정에 큰 도움이 되지 않는다. 사회적 트렌드를 반영한 주제와는 달리, 휴먼 다큐멘터리의 아이템은 온전히 사람과의 관계, 직접 대화, 관찰을 통해서만 가능하기 때문이다. 아이템이 확정되었다면 그다음 작업은 구성안 작성이다. 촬영 구성안 역시 사전 인터뷰로 작성하는 것이기 때문에 AI보다 사람의 비중이 더 크다고 볼 수 있다. 촬영 구성안대로 촬영 감독의 VCR 촬영과 편집이 끝나면 스튜디오 녹화가 진행된다. 이 프로그램은 라디오를 콘셉트로 하기 때문에 마치 라디오처럼 오프닝과 클로징 멘트가 중요한 요소다.

시사 라디오를 제외하곤 대부분 라디오 프로그램은 감성적인 글들이 필요한데 이 프로그램도 마찬가지다. AI는 원고 작성에 필요한 정보를 정리하고, 생각지 못한 단어의 조합이나 새로운 표현을 제공하기도 한다. 그 단어들이 문장들의 마중물이 되어 글들이 쏟아져 나오는데 도움이 되는 것이다. 이렇게 출연자와 아나운서의 대담 촬영, 편집까지 완료하면 담당 PD의 확인 후 후반 작업이 시작된다. 이때 방송 작가의 영역은 자막 제작이다.

자막은 기본적으로 영상 속 인물의 말을 전달하는 말 자막, 영상의 정보에 대해 전달하는 정보 자막, 영상에 담긴 의미를 전달하는 감성 자막, 유머 요소가 가미되는 재미 자막 등으로 나뉜다.

자막 작업에서 특히 감성 자막은 난이도가 높다. 감성 자막은 정보 전달이 아닌 시청자의 정서를 자극하고, 장면의 의미를 확장하는 역할을 하기 때문이다. 감성 자막의 연장선에 있는 것이 바로 프로그램 타이틀(회차 제목)이다. 하나의 짧은 문장이나 표현 안에 방송의 분위기, 주제, 인물의 삶의 결을 압축해서 전달해야 하기 때문에 제목 역시 감성적 감각이 요구되는 작업이다.

2025년 4월 23일에 송출된 〈영남라디오스타〉의 주인공은 대장간을 운영하는 전직 경찰관 김정용 씨였다. 회차 제목을 고민하던 중, AI가 제안한 여러 표현을 참고해 최종적으로 '망치로 두드리는 인생 2막'이라는 제목을 완성할 수 있었다.

섬네일 작성에도 AI가 도움이 된다. 최근 레거시 미디어의 축소와 1인 미디어의 확대로, 섬네일에 대한 고민은 이제 방송 작가들의 업무 중 하나가 되었다. 섬네일 문구는 짧은 한 줄 안에 시선을 끌고, 콘텐츠의 핵심을 효과적으로 담아내야 하기 때문에 마치 광고 카피처럼 창의성과 집중력이 요구되는 작업이다.

그러나 AI가 생성하는 대본을 만능이라고 볼 순 없다. AI는 기본적으로 일반적인 언어 패턴과 구조에 기반하고 있다. AI는 새로운 것을 만들어 내기보다는 기존에 존재했던 데이터와 문장 구조, 의미 단위의 패턴을 조합해 결과물을 생성한다.

이러한 점에서 AI의 작동 원리는 수능 기출 문제와 닮았다. 수능 기출 문제는 그 자체로 창의적인 문제처럼 보이지만, 사실은 과거에 출제된 문제 유형과 논리를 재구성한 결과물이다. AI 역시 이전에 학습한 문장 구조를 바탕으로 새로운 표현을 만들어 낸다. 그렇다고 해서 AI의 창의성을 과소평가할 필요는 없다. AI는 기존에 연결되지 않았던 개념을 엮어 내기도 하고, 새로운 문맥을 제시하기도 한다. 방송 작가는 AI를 단순한 조합 도구로 보기보다는, 새로운 연결 가능성을 탐색하는 창의적인 파트너로 이해할 필요가 있다. 더 넓은 상상력의 확장에 AI는 분명히 도움이 되기 때문이다.

효율성을 높여 주는 AI

AI는 영상 확인 작업에서도 유용하게 쓰인다. 다큐멘터리를 제작할 때는 긴 인터뷰 영상이나 현장 촬영본을 처음부터 끝까지 확인해야 한다. 수많은 인터뷰이들이 어떤 인터뷰를 했는지, 또 같은 내용의 인터뷰라도 어떤 촬영컷이 더 나은지, 그리고 영상에 활용 가능한 장면은 어떤 것인지 추리는 작업이 제작진의 첫 번째 과제다.

이럴 때 AI를 활용하면 더 효율적으로 작업을 할 수 있다. 예를 들어, AI 기반의 영상 편집 보조 시스템을 사용하면 핵심 장면을 빠르게 파악할 수 있다. 영상 파일을 업로드하면 AI가 음성을 자동으로 텍스트화해 내용을 대본처럼 제공하고, 이 중 필요한 문장을 선택하면 해당 장면이 바로 추출되도록 돕는다. 이 시스템은 영상 흐름 파악에 큰 도움을 준다. AI가 영상 속 '정보'를 정리해 주는 보조자 역할을 하는 것이다.

이와 함께 영상이나 음성 파일을 텍스트로 변환하는 전사도 AI의 대표적 활용 분야다. 전사는 방송 제작에 필수 과정이지만, 오래전부터 많은 시간과 노력을 요구하는 업무 중 하나였다. 과거에는 작가나 스크립터가 영상을 반복해 들으며 수작업으로 타임코드와 음성을 기록해야 했다. 최근에는 다글로(Daglo), 뷰(View) 등의 AI 기반 자동 전사, 자막 생성 도구로 이 과정이 획기적으로 간소화되었다.

이 프로그램들은 음성을 실시간 텍스트로 변환하고, 문장 단위로 타임코드를 삽입한다. 예를 들어, 다글로에 15분짜리 영상을 업로드하면 초벌 전사본이 약 1분 만에 생성된다. 예전에는 수십 분이 걸리던 작업이 눈 깜짝할 사이에 끝나는 셈이다.

이러한 자동화로 작가는 내용 정리와 자막 작업에 더 빠르게 집중할 수 있게 되었다. 그러나 AI 전사 도구 역시 완벽하지 않다. 발음 인식 오류나 문맥 왜곡, 고유명사 인식 등의 문제가 자주 발생한다. 예를 들어, '창원시'를 '장원시'로 오인식하거나, 인물의 이름을 잘못 표기하는 오류 등이다. 이러한 실수가 교정 없이 방송에 반영될 경우, 프로그램 완성도를 훼손할 수 있다. 따라서 AI 전사본은 반드시 사람이 최종 검토하고 교정해야 한다.

AI는 영상 속 정보를 정리하고, 반복적인 작업을 빠르게 도와주지만 완성도를 책임지는 것은 여전히 방송 작가의 몫이기 때문이다.

참고문헌

김가은(2024.8.3). "'AI 녹음' 최강자들의 대결… 클로바 vs 다글로". 《이데일리》, https://www.edaily.co.kr/News/Read?newsId=01279206638983712&mediaCodeNo=257

문지형(2025.2.16). “AI 시대, ‘인간다움’ 정수 어떻게 지킬까”. ZDNET Korea, https://zdnet.co.kr/view/?no=20250216091228

이윤석(2025.5.5). “‘AI 카메라 시대’ 적은 인원으로 더 많은 콘텐츠 제작 가능”. JTBC뉴스, https://news.jtbc.co.kr/article/NB12242655?influxDiv=JTBC

패스트캠퍼스 에디터(2025.4.3). “2025년, AI는 어디로 가는가? 지금 반드시 알아야 할 7가지 흐름”. 패스트캠퍼스미디어, https://media.fastcampus.co.kr/insight/ai-trend_1/

05
미디어 창작자와 AI의 협업

방송 작가는 혼자 일하지 않는다. PD, 촬영 감독, 편집자, 성우 등 다양한 창작자들과 협업으로 방송이 완성된다. 여기에 AI가 더해지면 어떤 조율이 필요할까. 방송 현장에서 나날이 그 영역이 확대되고 있는 AI. 실제 제작 현장에서 나타나는 다양한 사례는 미디어 창작자들에게 다양한 역할을 요구하고 또 고민하게 만든다.

AI와 아이돌?

성우와의 협업

AI는 방송 작가뿐만 아니라 영상 편집자, 성우, 음향 디자이너, PD, 컴퓨터그래픽(CG) 디자이너 등 방송 제작 전반에 걸쳐 다양한 창작자들의 작업 방식을 변화시키고 있다.

이러한 변화는 단지 작업 도구의 전환에 그치지 않고, 협업의 풍경 자체를 바꾸고 있다. 과거에는 각자 고유한 전문성을 바탕으로 작업이 분업되었다면, 이제는 AI 도구를 기반으로 다양한 직군이 함께 작업을 수행하는 일이 가능하다. 프로그램 제작 과정에서 이미 다양한 직군과 긴밀히 소통하며 조율해 왔던 방송 작가는 AI의 등장으로 기술 도구에 대한 이해와 활용 범위에 대해서도 자연스럽게 소통하고 조율하게 되었다.

인스타그램 릴스(Instagram Reels)나 유튜브 쇼츠(YouTube Short) 등을 보면 내레이션을 입힌 영상들이 심심찮게 볼 수 있다. AI 음성 합성 기술의 발전으로 이제 간단한 내레이션이나 안내 멘트는 AI가 쉽게 만들어 준다. 작성한 멘트를 AI가 바로바로 음성으로 전환해 주는 것이다.

방송 제작에도 AI 음성 활용 빈도는 점점 높아지고 있다. 최근 AI 음성 기술은 감정 표현이나 억양 조절 면에서 상당히 발전했다. 실제 성우의 목소리를 학습해 그와 유사한 음성을 생성하는 기술도 나타나면서 일부 영역에서는 구분이 어려울 정도다.

다큐멘터리를 제작할 때 내용과 영상에 어울리는 목소리를 찾는 일도 중요한 제작 과정 중의 하나다. 예를 들어 역사 다큐멘터리에는 진중하고 중후한 톤의 목소리가 어울리고, 반대로 문화·예술 다큐멘터리에는 밝고 경쾌한 음성이 더 적합하다. 프로그램의 주제와 분위기에 따라서 남성과 여성, 고음과 저음의 선택도 달라지는 것이다.

AI를 활용해 목소리를 미리 대입해 볼 수 있어, 프로그램의 질을 높이는 데 도움이 될 수 있다. 하지만 전문 성우는 여전히 AI가 따라올 수 없는 영역을 가진다. 감정선의 미세한 표현이나 분위기 조율, 몰입감을 유도하는 능력은 전문 성우가 가진 고유한 감각이다. 빠른 제작을 위해 AI를 활용할 수는 있지만, 감정을 울리는 목소리는 아직 사람의 몫이다.

영상 편집자와의 협업

AI는 영상 편집자와도 협업을 한다. AI 기반 편집 도구는 초벌 컷 추출, 하이라이트 생성, 긴 공백 제거 등 반복적이고 구조화된 작업에서 탁월한 성능을 발휘한다. 이로 인해 보다 빠르게 편집하는 데 많은 도움을 주고 있다.

과거에는 편집본이 완성될 때까지 기다려야 했지만, 이제 AI 생성한 초벌 편집본을 기초 자료를 삼아 더 빠르게 줄거리의 흐름을 잡고, 편집 방향을 논의할 수 있다. 덕분에 방송 작가는 편집자와 함께 컷 흐름을 점검하고, 장면 추가나 시각적 전환 등을 함께 구성할 수 있다. 또 연결 멘트나 자막 등도 좀 더 세밀하게 고민하는 데 도움이 된다.

최근에는 AI가 촬영 구도 추천이나 프레임 분석 기능도 제공한다. 예를 들어 인물 중심 구도, 균형 잡힌 화면, 시선을 유도하는 구도 등을 제안해 촬영 준비에 참고가 될 수 있다. 물론 프로그램의 주제나 정서, 연출 의도에 맞춰 화면을 구성하고 분위기를 연출하는 것은 여전히 촬영 감독과 연출자의 고유 영역이다.

AI는 방송 제작의 거의 모든 과정에 개입하는 도구가 되었다. 성우의 목소리를 일부 대체하고, 영상 편집자의 작업 속도를 높이며 촬영 감독에게는 구도와 구성을 제안하기도 한다.

이처럼 방송 작가 주변에 있는 다양한 창작자들 또한 AI를 매개로 한 새로운 작업 환경에 적응하고 있다.

협업의 풍경도 바뀌고 있다. 이전에는 역할을 분담했다면 이제는 하나의 도구, 즉 AI를 중심으로 판단과 결정을 나누는 협업이 이루어지고 있으며 앞으로 더 그러할 것으로 예상한다.

방송 작가는 이제 혼자 글을 쓰는 작업이 아니라 AI를 이해하고 타 직군과 협업하며 프로그램의 방향성을 함께 설계하는 기획자이자 조율자 역할을 요구받는다. 중요한 것은 AI의 성능보다 그 도구를 어떻게 쓸지에 대한 판단이다.

물론 이 과정이 항상 순조롭지는 않을 것이다. 실제로 다양한 창작, 제작 직군에서 AI 기술 도입을 둘러싼 예민한 반응과 긴장감이 감지된다. 실제로 2020년 마이크로소프트는 자사 포털 뉴스 서비스를 운영하던 저널리스트 50명 이상을 해고하고 AI 알고리즘으로 대체했다. 당시 해고된 직원들은 AI가 뉴스를 편집할 수는 있어도, 콘텐츠에 담긴 맥락이나 문화적 감수성은 이해할 수 없다는 우려를 표했다. 이것은 언론계뿐 아니라 방송, 광고, 출판, 디자인 등 콘텐츠 산업 전반에서 AI가 창작을 보조하는 단계를 넘어 일자리를 위협하는 존재로 인식되기 시작한 것이다.

이런 상황에서 방송 작가를 포함한 콘텐츠 제작자들

은 AI와 함께 일하되, 각 직종이 바람직한 방향으로 협업할 수 있는 조건과 태도에 대한 다각적인 고민이 필요하다.

참고문헌

김세호(2024.11.18). "일본 성우들 AI와의 전쟁… '목소리를 지켜라'". YTN, https://www.ytn.co.kr/_ln/0104_202411180106572896

이선명(2020.6.1). "마이크로소프트, 뉴스 편집은 AI로 대체… 기자 수십 명 대량 해고". 《스포츠경향》, https://sports.khan.co.kr/article/202006011650003

조원희(2025.5.13). "AI와 윤리". 《국제신문》, http://www.kookje.co.kr/news2011/asp/newsbody.asp?code=1700&key=20250514.22018002680

06
방송 작가의 글쓰기

AI는 문장을 만들 수 있지만, 감정을 담고 흐름을 설계하는 일은 방송 작가의 몫이다. 단순한 문장 작성이 아닌, 정서와 의미를 조율하는 작업이라는 점을 강조한다. 자막에서 감정을 드러내는 방법, 내레이션과 클로징 멘트로 메시지를 전달하는 방식, 그리고 AI가 쉽게 다룰 수 없는 정서적 언어의 사용 등을 통해 방송 작가의 글쓰기를 들여다보고 놓치지 말아야 할 글쓰기의 중요성을 이야기한다.

AI와 야구?

AI 시대의 방송 작가의 역량

챗GPT의 등장 이후 AI는 더 이상 특정 분야 관계자들에게만 국한된 기술이 아니다. 이제 AI의 시대라고 불러도 무방할 정도로, AI는 일상 깊숙이 들어와 있다. 하루에도 수많은 AI 책이 출간되고, 유튜브에는 AI를 다루는 영상이 넘쳐나며, 인스타그램은 '챗GPT를 잘 쓰는 법'을 소개하며 수익을 올리는 릴스 제작자들이 수두룩하다.

교육 현장도 예외가 아니다. 학원가에서는 AI를 활용해 홍보 블로그를 만들고, 동네 국어 학원들조차 '리터러시' 교육을 앞세워 학생들을 모집한다. 이처럼 누구나 1인 미디어 제작자가 되고, 정보가 넘쳐나는 시대에도 방송 작가에게 요구되는 본질적인 역량은 '글쓰기'다.

누구나 원고를 쓰고 자막을 만들 수 있다. 하지만 방송 작가의 글쓰기는 단순히 정보를 나열하는 것이 아니다. 방송 목적과 맥락에 맞게 내용을 구성하고, 시청자의 공감을 사고 감정을 사로잡는 문장을 만들어야 한다.

예를 들어 보자. 부산시의회에서 쓰레기 발생을 줄이기 위한 조례가 통과되었고, 이 주제로 짧은 영상을 제작한다고 가정하자. 이 영상에 들어갈 자막은 통상적으로 매해 부산시에서 발생하는 쓰레기의 발생량, 각 지자체의 ESG[환경(Evironment), 사회(Society), 지배구조

(Government)] 정책, RE100 계획과의 연계 같은 정보를 담을 수 있다. 많은 사람이 이 정도의 자막은 충분히 만들 수 있다. 그러나 방송 작가는 여기서 한 걸음 더 나아간다. 자료 조사로 부산시가 '지속 가능 이벤트 관리'를 위한 국제표준 인증을 받은 사실을 찾고 이 정보를 영상의 흐름과 감정선에 맞게 녹여 낸다. 더 깊숙한 정보를 찾아서 전달하고, 문장 하나하나에 맥락과 온도를 입히는 것이다.

2024년, 펜실베이니아주립대학교 시암 순다르(Shyam Sundar) 교수 연구팀의 발표에 따르면 페이스북 게시물의 75%는 사용자가 링크를 클릭하지 않은 채 공유된다고 한다. 사람들은 이제 기사 내용보다 공유 자체를 소비하는 시대에 살고 있다. 이처럼 정보가 넘쳐나는 시대일수록 방송 작가의 글쓰기는 단순한 정보 요약이 아니라, 텍스트와 콘텍스트를 연결하고, 그 의미와 감정을 입히는 작업이어야 한다.

짧은 문장이 필요한 자막부터 내레이션 중심의 다큐멘터리 대본, 감성적인 클로징 멘트, 몰입을 유도하는 오프닝까지 방송 작가의 글쓰기는 장르와 형식에 따라 다른 언어적 결이 요구된다.

이러한 글쓰기는 이야기를 설계하는 감각이 필요하

다. 단순히 문장을 늘어놓는 것이 아니라, 프로그램 전체 구조를 시청자의 몰입 흐름에 따라 배열하고 정서의 곡선을 조율하며 궁극적으로 전달하고자 하는 메시지를 일관되게 풀어가는 것. 이것이 AI 시대에 방송 작가의 특화점이자, 사람만이 쓸 수 있는 이야기의 기술이다.

인간만의 고유 영역

인쇄술이 등장한 이후에도 문해력의 불균형은 쉽게 해소되지 않았다. 인쇄술의 등장으로 누구나 책을 가질 수 있는 있게 됐지만 그것을 어떻게 읽고 해석할 것인가는 또 다른 문제였다. 인터넷 시대 역시 마찬가지다. 정보는 넘쳐나지만, 그것을 판단하고 연결하는 능력은 여전히 사람마다 다르다.

그리고 지금 AI의 시대가 도래했다. AI가 직업을 대체할 것이라는 전망도 쏟아지고, AI 시대에 변화할 것인지 도태될 것인지를 선택하라는 요구가 늘고 있다. 마치 세상이 AI가 투영된 AR 글래스를 쓴 것 같은 기분도 든다.

AI는 모든 것을 해결해 줄 것처럼 보이지만 그 중심에는 여전히 사람의 언어와 사고가 있다. 언어학자 촘스키(Noam Chomsky)는 《뉴욕타임스(NYT)》의 기고문에서 "AI는 일종의 거대한 통계 엔진"이라고 말한다. "반대로 인간의 정신은 놀라울 정도로 적은 양의 정보로 작동하는 효율적이고 심지어 우아한 시스템"이라고 말하고 있다. 그에 따르면 AI는 과거의 데이터와 확률에 기반을 두고 작동하며, 표면적으로는 문장을 만들지만 그 이면의 의미나 도덕성, 인과관계는 스스로 해석하지 못한다는 것이다. 실제로 AI는 마치 스스로 사고하고 판단하는 것 같지만 그것은 인간만의 고유 영역이다. 다른 분야도 마찬가지겠지만 방송 작가의 글쓰기 역시 AI 기술이 제공할 수 있는 데에는 한계가 있다.

인간 고유의 사고와 감정을 반영하는 창작 행위는 AI가 아무리 발전해도 흉내 내기가 어려울 것이다. 예를 들어 '연탄이 빨간 불빛을 알알이 품고 있다'라는 문장은 AI도 작성할 수 있다. 그러나 연탄불이 뿜는 따뜻한 온기나 매캐한 냄새, 집집마다 연탄불을 때던 과거 그 시절 공기의 콘텍스트를 AI는 결코 알 수 없다.

AI는 언어의 골격을 제공할 수는 있지만, 감정을 담고 공감을 설계하는 일은 여전히 사람의 몫이다. 방송 작가의 글은 자료를 재정리하거나 문장을 다듬는 수준을 넘어선다. 누군가의 마음을 움직이고, 세상을 설명하며, 감정을 연결하는 작업이다. 시청자, 청취자와의 일종의 정서적 연결을 이루는 일이다.

방송 작가는 기계와 함께 일할 수 있지만 기계가 대신 할 수 없는 글을 써야 한다. AI는 글을 쓸 수는 있어도 스스로 사고하지는 못한다. 나는 그렇게 생각한다. 사람만의 사고를 글로 풀어내는 일은 오직 사람만이 할 수 있다는 점을 자부심으로 삼아야 한다.

참고문헌

김성우(2024). 《인공지능은 나의 읽기-쓰기를 어떻게 바꿀까》. 도서출판 유유.

정인숙(2022). 《미디어 플랫폼의 이해: 방송에서 메타버스까지》. 컴북스캠퍼스.

Chomsky, N. et al.(2023.3.8). The false promise of ChatGPT. *The NewYork Times*, https://www.nytimes.com/2023/03/08/opinion/noam-chomsky-chatgpt-ai.html

07
창작 윤리

AI가 만든 문장은 누구의 책임일까?
AI를 활용한 창작 과정에서 방송 작가가 반드시 고민해야 할 윤리적 책임을 다룬다. 잘못된 정보의 확산, 저작권 침해 가능성, 알고리즘에 내재된 편향 등은 방송의 신뢰성을 위협할 수 있다. 방송 작가는 AI가 제안한 결과물을 그대로 수용할 수 없다. 창작자에게는 더 높은 윤리적 감수성과 책임 의식이 요구된다.

AI와 윤동주?

'써도 되는가'

AI 시대의 중심에서 우리는 지금 거대한 변곡점에 서 있다. 생성형 AI가 콘텐츠를 빠르게 만들어 주는 시대. 방송 작가에게는 기술 활용을 넘어 정보 출처에 대한 점검, 표현의 윤리에 대한 고민도 요구된다.

AI 기술은 방송 작가에게 혁신적인 도구다. 문장 작성, 정보 요약, 이미지 생성, 음성 더빙 등 과거에는 시간과 노력을 요했던 작업들이 이제는 몇 초 만에 가능해졌다. 하지만 도구가 강력해질수록 그 도구를 사용하는 사람에게 요구되는 책임 역시 무거워진다. 방송은 공공성과 파급력을 지닌 매체다. 프로그램 속에 담기는 문장 하나, 이미지 하나가 사회에 미치는 영향은 결코 작지 않다. 그렇기에 AI 시대의 방송 작가는 무엇을 '쓸 수 있는가'와 함께 '써도 되는가'를 함께 고민해야 한다.

AI는 방대한 데이터와 알고리즘을 통해 매우 그럴듯한 문장을 만들어 낸다. 하지만 이 문장들이 과연 믿을 수 있는 정보에 기반을 둔 것인지는 별개의 문제다. 특히 챗GPT와 같은 대규모언어모델(LLM, Large Language Model)은 입력한 질문에 대해 유창하고 논리적인 답변을 내놓지만, 때로는 전혀 사실이 아닌 내용을 마치 진실처럼 만들어 내는 '할루시네이션(Hallucination)' 현상을 만든다.

예를 들어, AI에게 '최근 부산시에서 시행한 쓰레기 발생 관련 조례에 대해 알려 줘'라고 요구했을 때, AI는 존재하지 않는 조례명을 지어내거나 과거의 정책을 현재 시점에 맞는 것처럼 제시할 수 있다. 이런 정보를 충분한 확인 없이 대본이나 자막에 반영하면 방송 송출 이후 허위 보도나 명예훼손으로까지 이어질 위험도 있다.

KBS보도본부에서 발행한 《신뢰 저널리즘을 위한 취재 제작 실무》의 취재 파트를 보면 프로그램이 담아야 할 핵심 가치로 '공정성'을 제시한다. 이를 구현하기 위한 최우선 요건은 바로 정확성(Accuracy)이다. 모든 프로그램은 정확한 사실에 근거해서 제작되어야 하며, 정확하게 전달하는 것이 신속하게 전달하는 것보다 더 중요하다고 규정하고 있다.

방송 작가는 AI가 제공한 정보는 반드시 교차 검증을 해야 한다. 공식 출처나 기관 자료, 언론사의 확인된 기사 등으로 확인하는 과정이 반드시 필요하다. 만약 이러한 자료에서도 신뢰성이 부족하다고 생각될 때는 작가 스스로 직접 취재해야 한다. 할루시네이션에 대해 'AI가 그렇게 말했다'는 이유로는 그 책임에서 벗어날 수 없다.

예를 들어 어떤 논문에 잘못된 인용이 있다. 다른 연

구자들이 직접 조사를 통하지 않고, 계속해서 그 논문을 인용한다면, 모두가 오류를 가진 논문을 세상에 내보낸다. AI 활용도 마찬가지다. 연구자가 근거를 찾기 위해 1차 출전까지 거슬러 올라가듯, AI를 활용해 방송 프로그램을 만든다면 반드시 정보의 출처와 신뢰도를 직접 검증해야 한다. 방송 작가는 정보의 최종 필터 역할을 꼭 수행해야 하는 것이다.

결과물과 책임

AI가 만든 이미지, 음성, 문장 등은 겉보기에 완전히 새로운 창작물처럼 보이지만, 그 내부는 수많은 사람의 창작물이 학습 데이터로 활용되었을 가능성이 있다. AI는 기존의 작품들을 참고해 새로운 조합을 만들어 내기 때문에, 저작권 보호 대상이 되는 타인의 창작물이 무단으로 반영되었을 수 있는 것이다. 예를 들어, 방송에서 AI 이미지 생성기를 사용해 만든 이미지를 그대로 사용했다면 그것이 기존 작가의 그림 스타일을 모방했을 가능성을 간과해서는 안 된다. 유튜브, 넷플릭스, 공영방송사 등은 AI 생성 콘텐츠 사용에 대한 서로 다른 가이드라인을 두고 있으며, 상업적 이용 시 특히 저작권 침해 여부에 대한 면밀한 검토가 필요하다.

최근 화제가 된 ‘챗GPT-4o 이미지 제너레이션’ 서비스가 좋은 예다. 오픈AI의 최고경영자 올트먼(Samuel Harris Altman)이 ‘GPU(그래픽처리장치)가 녹고 있다’고 말할 만큼 폭발적인 반응을 불러일으킨 이 서비스는 단순히 텍스트 프롬프트를 입력해 이미지를 생성할 뿐만 아니라, 대화 맥락을 반영해 이미지를 수정할 수도 있다.

특히 화제가 된 것은 지브리나 심슨 가족 등 특정 그림체 스타일로 이미지를 생성하는 것이다. 스튜디오 지브리에서 그린 것이 아닌데도, 지브리풍의 그림들이 온라인에 폭발적으로 게시되면서 저작권 침해에 대한 논란도 거세졌다. 특히 스튜디오 지브리의 창립자인 미야자키 하야오(宮崎駿) 감독은 AI 기술에 대해 비판적인 입장을 유지하고 있어 이러한 AI 생성물이 그의 철학과 상충한다는 지적도 있다.

이러한 사례는 단순히 새로운 그림을 만든 것이 아니라, 누군가의 창조물을 무단으로 차용한 문제로 볼 수 있다. 방송에서 AI 이미지나 음성, 문장을 사용할 때도 마찬가지다. 표면적으로는 새롭게 보이지만, 누군가에 의해 만들어진 창작물의 일부가 반영되었을 가능성을 항상 염두에 두어야 한다.

2025년 1월, 독일방송 작가협회는 '드라마 대본과 AI 실무 가이드'를 발표하며, AI 생성물의 저작권 귀속 기준을 명확히 제시했다. 이 가이드는 AI가 생성한 텍스트는 인간의 창작성이 전적으로 반영되지 않는 한 저작권 보호를 받을 수 없다고 명시한다. 또 방송 작가의 권리를 계약서에 명확히 기록해야 한다고 강조한다.

AI가 기존 창작물을 학습한 결과를 내놓는다면, 그 창작자에 대한 존중과 법적 기준이 반드시 함께 고려돼야 한다는 의미다. 방송 작가는 AI라는 도구의 사용자인 동시에 결과물과 그에 따른 책임에도 민감하게 반응해야 한다.

선택은 언제나 사람이 한다

AI는 제안할 뿐, 선택하는 것은 언제나 사람이다. AI가 만든 문장에 오류가 있고 AI가 생성한 이미지에 왜곡이나 차별 요소가 포함되어 있다면, 그 콘텐츠를 방송에 사용해 발생한 문제의 책임은 AI가 아니라 사람에게 있다.

개발자도, 알고리즘도 아닌 바로 사용자가 판단의 주체다. 예를 들어 AI가 특정 지역이나 정당에 대해 편향된 묘사를 하거나, 성차별적인 문장을 생성할 수 있다. 이런 결과물을 무비판적으로 사용했을 경우, 프로그램 전체의 신뢰도 하락은 물론 윤리적인 비난이 뒤따른다. 물론 시청자의 항의도 더해진다.

AI는 창작의 새로운 시대를 열어 주었다. 텍스트, 이미지, 음성 등 무엇이든 빠르게 만들어 낼 수 있는 시대가 되었지만 역설적으로 '무엇을 만들어야 하는가'에 대한 책임은 오히려 더 무거워졌다.

기술보다 더 앞서는 감각, 말할 수 있는 것과 말해야 할 것을 구분할 수 있는 감각. 그것이 방송 작가, 콘텐츠 제작자에게 가장 필요하다.

참고문헌

권상희(2025.3.31). "오픈 AI 이미지 생성 기능 이용 폭주… 'GPU가 녹고 있다'". 《굿모닝경제》, https://www.goodkyung.com/news/articleView.html?idxno=261034

김세환(2025.4). "방송 작가를 위한 AI 실무 가이드 발표". 웹진 《W방송 작가》 229, http://www.ktrwawebzine.kr/page/vol229/10.html

안유리(2025.4.2). "'삶 자체 모욕 느낀다' AI 저작권 도마 위… 입법 시급". 《이투데이》, https://www.etoday.co.kr/news/view/2458355

KBS보도본부(2021). 《신뢰 저널리즘을 위한 취재 제작 실무》. 도두커뮤니케이션.

08
한계와 도전 과제

기술은 정교해지지만, 감정의 해석과 맥락의 이해까진 아직 도달하지 못했다. AI가 알지 못하는 감정의 흐름, 서사의 구성, 의미의 함축 등을 중심으로 방송 작가의 통찰이 왜 중요한지 살핀다. 데이터는 객관적으로 보이지만 결코 중립적이지 않다. 알고리즘에 내재된 편향성과 선택의 방향은 결국 인간의 해석과 판단에 달려 있다.

AI와 한의학?

경계와 한계를 인식하는 선택자

AI는 빠르고 정확한 콘텐츠 제작에 유용한 도구다. 그러나 기술의 잠재력 못지않게 한계 또한 이해되어야 한다. 방송은 단순히 정보를 전달하는 작업만이 아니라, 감정과 맥락을 설계하고 공감을 이끌어 내는 창작의 과정이기 때문이다. 방송 작가는 기술의 수용자이면서 동시에 그 경계와 한계를 인식하는 선택자가 되어야 한다.

AI는 방대한 데이터를 바탕으로 문장을 생성한다. 그러나 AI가 하는 일은 본질적으로 이해가 아닌 예측이다. 생성형 AI는 문맥 속에서 다음에 올 확률이 높은 단어를 계산해서 제시한다. 정확한 정보보다 그럴싸한 문장을 만드는 데 특화되었다고 볼 수 있다.

겉보기에 완성도 높은 문장처럼 보이지만, 그 문장을 '진짜 이해'하거나 '정서적으로 판단'하지는 않는다. AI는 문장을 계산할 수 있어도, 느끼거나 이해할 수 없다. 예를 들어 심야 라디오의 오프닝 멘트를 AI에게 작성하게 하면 문법적으로나 구조상 완벽한 글이 나올 수 있다. 그러나 그 문장은 감정의 여운이 빠진, 감각 없는 언어처럼 건조하게 보일 때가 있다. 방송 작가는 이 미묘한 차이를 감지할 수 있어야 한다.

AI는 감정 표현도 배울 수 있다. 감동적인 표현, 따뜻한 어조, 눈물 나는 장면 묘사도 흉내 낼 수 있다. 그러나 그것은 감정의 결과를 흉내 내는 것이지, 감정의 흐름을 설계한 것은 아니다. 방송 작가의 글은 감정의 전개를 전체적으로 예측하고 설계하는 구조다. 예를 들어 한 인물에 대한 이야기를 다룰 때 그 사람의 말투와 눈빛, 침묵까지 고려해 글을 쓴다. 하지만 AI는 이와 같은 정서적 맥락까지는 따라가지 못한다. 그렇다고 그 틈을 프롬프트로 메우는 것도 쉬운 일이 아니다. 감정을 조율하고 뉘앙스를 맞추는 것은 작가의 몫이며, 방송 글쓰기의 본질이기 때문이다.

AI는 인간의 지능을 모방한 알고리즘이며, 기계학습을 통해 다양한 데이터를 반복적으로 학습한다. 기계이기 때문에 감정을 갖지 못하는 것이 당연하다. 그럼에도 사람들은 점점 AI와 정서적 유대를 느낀다. 영화 〈Her〉(2013)가 나온 지 벌써 10년이 지났다. 그리고 이제 우리는 'AI 챗봇'의 등장과 함께 영화 속 그 세계를 실제로 마주하고 있다.

AI 챗봇은 '노인 돌봄' 등에 적용돼 혼자 사는 노인들이나 정서적으로 소외된 사람들에게 이롭게 쓰인다. 2023년 80조 원 규모였던 AI 챗봇 시장은 연평균 7% 가까이 성장해 2031년에는 약 127조 원에 이를 것이라고 예측된다. 이것은 그만큼 사람들이 AI와의 감정적 유대를 현실로 받아들이고 있다는 의미다.

문제는 여기서 시작된다. 진짜인지 아닌지, 실제인지 아닌지에 대한 혼동은 기술이 정교해질수록 점점 더 자주, 더 깊게 나타나고 있다. 실제로 방송 현장에서 AI 아나운서가 사람인지 기계인지 구분하기 어려울 만큼 자연스러운 목소리와 표정을 보여 준다.

시청자 중에는 AI 아나운서라는 사실을 알아채지 못하는 경우도 있다. 나날이 더 편리해지고 더 사람 같은 AI와 함께 살아가고 있다. 그러나 AI는 완전하지 않다. 그리고 AI는 마음이 없는 존재임을 잊지 말아야 한다.

주관적 사고의 강점

방송에는 직접 드러나지 않는 의미, 즉 상징과 함의가 중요하다. 자막 하나에도 프로그램의 의도가 담기고, 문장 구조에도 시대의 정서가 반영된다.

하지만 AI는 이러한 상징적 언어에 매우 약하다. 문장을 연결할 수 있지만, 은유나 풍자 등 맥락 안에서 자유자재로 구사하는 것은 아직 어렵다. 예를 들어 KBS창원총국 〈영남라디오스타〉의 2025년 4월 23일 방송 타이틀 '망치로 두드리는 인생2막'은 단순한 설명 자막이 아니다. '망치'는 직업적 도구이자 주인공의 삶의 상징이고, '2막'은 전환과 새로운 출발을 의미한다.

AI는 이러한 상징의 결합을 인식하기 어렵고, 언뜻 창의적으로 보여도 상투적인 표현을 반복할 가능성이 높다. 방송 작가의 언어는 단어의 연결이 아닌 맥락을 짜는 일이라고 볼 수 있다. 아이템을 결정해야 할 때 AI는 다양한 대안을 제시해 준다. 그러나 이것을 선택하고 왜 지금 선택을 결정하는지 판단은 사람의 몫이다.

방송에서 때로 민감한 이슈, 사회적 논쟁, 개인의 고통과 맞닿은 장면을 다룬다. 2024년 10월 방송된 KBS 〈다큐인사이트〉 '아들이 오고 있다'는 출연자의 안전을 위해 얼굴과 목소리를 AI 페이스 스왑으로 완전히 바꾸어 화제가 되었다. 이 방송에서 남북 간의 이념, 이산의 한, 아들을 북에 둔 어머니의 고통 등은 AI가 관여하지 않았다. AI는 판단을 내리는 주체가 아니기 때문이다. AI를 조력자로 쓰되, 맥락을 놓치지 않는 통찰력은 오롯이 제작진의 몫이다.

AI는 감정이 없으니 인간처럼 편향되지 않다고 생각하기 쉽다. 그래서 AI가 만든 문장이나 정보는 더 객관적일 것이라는 기대가 따른다. 그러나 실제로 AI는 인간이 만들어 낸 언어, 데이터, 사고방식을 학습하기 때문에 그 안에는 수많은 주관성과 편견이 녹아 있다. 기술이 중립이라는 환상은 때로 강력한 편파성을 숨기고 있다. 과학에는 100%가 없는 것처럼 말이다.

작가 정희진은 《정희진처럼 읽기》(2014)에서 "언어의 세계에는 중립이 없기 때문이다. 객관성은 권력자의 주관성이라는 사실을 모르는가? 익명성은 가장 무서운 서명이고 객관성은 가장 강력한 편파성이다"라고 말한다. 이것은 AI에도 그대로 적용된다. 생성형 AI는 훈련받은 데이터에 따라 특정 성별, 인종, 지역, 계층에 대한 표현을 그대로 재생산하며, 때로는 사회적 소수자에 대한 고정관념이나 왜곡된 묘사를 하기도 한다. 이 같은 AI의 '객관성'은 실제로는 다수의 관점, 권력자의 시선을 정답으로 포장해 보여 주는 것일 수 있다. 반대로, 이러한 편향은 오히려 창의적 작업을 요하는 분야의 사람에게는 이점이 될 수 있다. 사람에게는 주관적인 사고가 있기 때문이다. AI가 생성한 문장을 그대로 사용할 것인지, 그것이 내포한 맥락과 시선을 비판적으로 해석할 것인가는 창의적 작업자, 방송 작가의 역량에 달려 있다.

AI의 한계는 방송 작가의 존재 이유를 더 또렷하게 만든다. 기술이 아무리 발달하더라도 중립이 없는 언어의 세계에서 주관성은 작가들이 가진 이점이기 때문이다.

참고문헌

김성민(2024.9.20). "AI '아내보다 날 더 사랑해 줘' … 남자는 대화 6주 만에 목숨 끊었다". 《조선일보》, https://www.chosun.com/economy/tech_it/2024/09/20/RZ3B7AKKTRB4LMOQHLKZ5B2ISQ

정희진(2014). 《정희진처럼 읽기(내 몸이 한 권의 책을 통과할 때)》. 교양인.

KBS지역국(2024.11.5). "[A ㅏ핫 AI] 감정 공유하고 친구처럼 대화하는 AI". KBS뉴스. https://news.kbs.co.kr/news/pc/view/view.do?ncd=8099032&ref=A

09

AI를 넘어서는 창의성

창의성은 데이터를 분석하는 능력이 아닌, 전혀 다른 두 세계를 연결하는 감각이다. 단순한 뉴스를 감동적인 콘텐츠로 확장하는 과정으로, 창의성이 무엇인지를 설명한다. 또 방언, 감각어, 문학적 표현 등 AI가 도달할 수 없는 언어의 세계와 이를 통해 만들어지는 공감의 구조를 분석해, 창의력이 가지는 힘을 강조한다.

AI와 화장품?

기술과 창작의 교차점에서

AI는 데이터의 통계적 연관성을 바탕으로 결과를 만든다. 그러나 방송 작가는 통계를 넘어, 새로운 관계를 만들어야 한다. 전혀 무관해 보이는 두 사안을 엮어 내야 할 일도 생긴다.

그것을 잘 엮어 내는 것은 제작진의 직관이자 기획력에 달렸다. 예를 들어, 경남 하동의 평사리 들판에서는 매년 겨울, '논두렁 축구대회'가 열린다. 농한기 빈 땅에 짚공을 굴리며 축구를 하는 것이다. 방송 작가는 이 행사를 영상으로 만들어 낼 때 단순한 재미를 넘어 농촌의 공동체 정신, 지역의 관광 아이템 등으로 의미를 확장한다. 창의성은 단지 정보에 있는 것이 아니라, 그 정보를 어떻게 새롭게 연결할 것인가에 있다.

AI는 다수의 데이터를 평균화해 보편적 시선을 제시한다. 방대한 양의 데이터를 학습하고 처리하는 과정에서, 최적의 결과를 도출하기 위해 가장 확률이 높은 출력값을 생성하기 때문이다.

이런 특성은 AI 알고리즘의 한계라고 볼 수 있다. 평균 데이터가 가진 보편화된 시선은 개인의 특성이나 소수 의견, 창의성, 다양성을 희석할 수 있다. 창의력은 독창적인 아이디어와 새로운 시도로 차별화된 콘텐츠를 만들며, 시청자와 깊이 공감하고 소통할 수 있는 방송을 가능케 한다.

1인 미디어의 등장은 방송 분야에서 창의력과 다양성의 가치를 극대화하는 좋은 예다. 스마트폰과 인터넷 플랫폼의 발전으로 누구나 쉽게 자신만의 콘텐츠를 제작하고 공유하면서, 1인 미디어 크리에이터들은 기존 주류 방송이 다루지 못했던 다양한 관점과 독특한 아이디어를 선보이고 있다. 먹방, 게임 방송, 주류 토크쇼 등 기존 레거시 미디어에서 담지 못했던 주제들을 다양한 형식으로 시청자와 소통하며 외연을 확장하고 있다.

물론 방송의 다양성과 풍요로움을 증진한다고 하지만, 1인 미디어가 늘어날수록 선전성이나 가짜 뉴스, 윤리적인 문제 등도 함께 증가한다. 결국 방송 산업은 AI가 제공하는 데이터 기반의 효율을 반영하되, 독창적인 시도가 조화를 이루어야 한다.

현대 사회는 AI와 유사하게 복잡한 개인의 성향마저 MBTI라는 열여섯 가지 유형으로 단순화하고 평균화하려는 경향이 있다. 이는 데이터를 일반화하는 AI의 한계와 유사한 맥락을 보인다. 평균주의를 극복하고 개인의 독창성을 기르는 것이 무엇보다 중요하다.

방송 제작 현장에서도 AI의 효율성을 활용하되, 창작

가 고유의 관점과 직관을 통해 새로운 가치를 창출해 나가는 균형이 필요하다.

시대를 해석하는 감각

AI는 감정 표현을 학습하고 감동적인 문장도 생성한다. 미디어를 통해 메시지를 세상에 전달하는 방송 작가는 그 감정을 어디에 어떻게 배치할지 고민한다. 감정은 단어가 아니라 흐름이다.

공감을 유도하는 구조는 감정의 리듬과 타이밍을 정확히 계산하고 조율하는 과정에서 만들어진다. 아이들이 한데 모여 왁자지껄한 상황을 AI에게 단어로 표현하라고 하면 와글와글이나 북적북적, 시끌벅적 등을 제안한다. 박완서의 소설 속 '옥시글옥시글하다'는 찾을 수 없다. 빛이 조금 어두운 '어둑시근하다'라는 방언 등은 AI에겐 낯선 단어다. 지역 방언도 인식할 수 있다고 하는 카카오의 LLM '카나나-o' 역시 문학 속에 등장하는 다양한 방언들을 제시하지 못했다.

이런 단어들은 단지 뜻을 전달하는 것이 아니라 정서를 품고 있다. 전달을 넘어 감각을 불러오는 언어. 언젠가는 AI가 이 단어들을 학습하고, 조합할지도 모른다. 그러나 AI는 단어가 발생한 맥락까지 결코 알 수 없다.

실제로 강의 현장에서 학생들이 AI가 만들어 낸 정보를 정답처럼 받아들이는 모습을 본다. 챗GPT를 AI의 대명사라 생각하고, AI가 제시한 문장을 이미 '이미 완성된 답안'이라고 여긴다. 학생뿐만 아니라 교수들 중에서도 연구와 수업에 AI를 무비판적으로 활용하는 사례를 종종 보게 된다. 스스로 해석하거나 다른 시선을 상상하지 않는 것이다.

AI가 만들어 낸 결과물은 어디까지나 '예상 가능한 문장들의 조합'이지, 비판이나 통찰, 새로운 의미를 스스로 생성하지 않는다. AI의 완전무결을 믿는 태도는 사람의 창의성을 가장 먼저 마비시킨다.

그러나 이 창의성을 AI와 대립적으로 볼 필요는 없다. 오히려 AI는 창작 과정을 더 확대하는 새로운 도구로 쓰일 수 있다. 창의적인 작업을 할 때, 글을 쓰거나 내용 구성을 해야 할 때, AI는 마치 대화하는 '위키디피아'처럼 생각 못 했던 자료 등을 제공해 생각의 전환을 가능하게 한다. 또 반복적인 업무를 정리해 다른 곳에 더 집중할 수 있도록 돕는다. 방송 작가의 창의성은 결국 AI와 경쟁하는 것이 아니라, AI가 닿지 못하는 지점에서 의미를 만들어 내는 능력이다.

2024년 한국고용정보원이 발표한 보고서에 따르면,

AI로 직무가 대체될 가능성이 가장 높은 직업은 '패턴사' 였고 대체 가능성이 가장 낮은 직업은 '프로게이머'였다. 주로 신체적 활동과 숙련된 기술이 필요한 직업에서 AI 대체율이 낮게 나타났다.

창의적 사고를 기반으로 하는 방송 작가나 성우 등의 직업은 대체율이 높은 것으로 조사됐다. 대체율이 낮게 나타난 프로게이머나 직업 운동선수, 선박 조립원은 신체적 감각과 실시간 판단 등을 요구한다. 창작도 감각의 영역이라고 생각하면 대체율이 높게 나타났다고 그리 비관적으로 생각할 일은 아닌 듯하다. 창의성은 단지 콘텐츠를 생산하는 기술이 아니라 사회와 시대를 해석하는 감각이 필요하기 때문이다.

방송 작가를 대상으로 진행한 설문 조사에서도 이러한 인식이 드러난다. 'AI 시대에도 방송 작가가 유지해야 할 핵심 역량'으로 현장 대응력(25%)과 소통 및 협업 능력(23%)이 높은 응답을 얻었다. 이는 기술로 대체될 수 없는 사람 중심의 능력이 방송 작가에게 중요하다는 인식을 반영한다.

참고문헌

김유진(2025.4.17). "'창의 직군 예외 없어' … AI가 대체할 직업 1위

'패턴사', '방송 작가'도 고위험군". 《투데이코리아19》, http://www.todaykorea.co.kr/news/articleView.html?idxno=328162
원종윤(2024). 《생성 AI와 융합 교육》. 커뮤니케이션북스.
정영인(2025.3.1). "AI가 주는 영감 'AI인스포', 약일까 독일까". 《이투데이》, https://www.etoday.co.kr/news/view/2448580

10
방송 작가와 AI의 공존

AI는 방송 제작을 빠르게 만든다. 그러나 방송의 깊이와 방향은 사람이 결정한다.
방송 작가는 AI와 공존하며 어떤 태도와 책임을 가져야 할지 고민해야 한다.
기술을 두려워하거나 과신하기보다 어떻게 활용할 것인지 스스로 결정하는 능력이 이 시대를 살아 내는 방송 작가의 핵심 역량이다.

종교와 AI?

AI 시대, 방송 작가로 살아간다는 것

최근 몇 년간 AI 기술은 자연어처리(NLP), 딥러닝, 컴퓨터비전(CV) 등의 분야에서 눈부신 발전을 이뤘고, 이러한 기술적 진보는 방송 제작 전방에도 큰 영향을 주고 있다. 얼마 전까지 오랜 시간이 소요되던 작업들이 이제는 몇 초 만에 완성되며, 방송 제작 환경은 빠르게 재편되고 있다.

이 같은 변화는 방송 작가에게 도전이자 기회다. 많은 방송 작가들은 AI가 자신의 업무 일부를 대체할 수 있다는 점에서 위기의식을 느낀다.

'나보다 훨씬 더 잘 쓰는 것 같다'는 자조 섞인 농담들 속에서, 방송 작가는 기술과 경쟁하는 듯한 현실을 체감한다. 기초 대본 작성이나 자료 요약, 자막 생성 등에 AI가 빠르게 적용되고 있고, 특히 자료 조사 부문에서 AI는 필수불가결의 존재가 되었다. 그러나 많은 작가들은 AI가 '대체자'가 아닌 '도우미' 혹은 '협업자'가 될 수 있다는 가능성도 함께 보고 있다. 방송 작가들을 대상으로 진행한 설문 조사 결과는 이 같은 인식을 분명하게 보여 준다.

'AI 시대를 대비해 방송 작가가 준비해야 할 방향'을 묻는 질문에 응답자의 46%는 'AI 활용법 학습(대본, 조사 등)'을, 35%는 '인간만의 창의력 강화'를 꼽았다. 이는 작가들이 기술에 대해 막연한 두려움보다 실용적 활용법과 본질적 창의 역량 강화 모두를 중요하게 생각하고 있다는 점을 보여 준다. '방송 작가를 위한 AI 관련 교육이나 가이드가 필요하다고 생각하느냐'는 질문에는 92%가 필요하다고 답했다. 이것은 작가들이 AI에 대한 학습과 동시에 활용 욕구도 강하다는 것을 보여 준다.

AI는 방송 작가에게 유능한 도구지만, 도구는 도구일 뿐이다. 그 기술을 '왜' 사용하는지, '어떻게' 사용하는지에 대해 판단을 내리는 것은 사람이다. 전사 같은 반복 작업이나 자료 조사 등은 AI가 맡을 수 있다. 그러나 감정의 배치나 맥락의 설계, 의미의 구성 등은 작가만이 할 수 있는 고유한 작업이다. AI가 방송을 '빠르게' 만들어 준다면, 방송 작가는 방송을 '깊이 있게' 만들어야 한다.

이야기의 마침표는 사람이 찍는다

AI는 방송 작가에게 점점 더 유능한 협업 파트너가 되고 있다. 하지만 진정한 의미의 협업이 되기 위해선 단순한 기술 숙련을 넘어 이해가 필요하다. 프롬프트를 정교하게 설계하고, AI가 제시한 정보의 신뢰를 검토하며, 그 안에 담긴 편향과 오류를 감별해 낼 수 있어야 한다. AI

와 협업은 도구를 다루는 능력뿐만 아니라, AI가 제공하는 결과물을 해석하고 판단하는 능력, 즉 AI 리터러시를 함께 요구한다.

많은 사람들이 AI의 문장이나 목소리에서 감정이 담겨 있는 것처럼 느끼기도 한다. 첨단 기술을 탑재한 음성 합성 시스템은 말투에 슬픔이나 분노의 뉘앙스를 입힐 수 있고, 소피아(Sophia) 같은 휴머노이드 로봇은 표정을 짓고 대화를 나누며 마치 인간처럼 반응한다. 그러나 그 모든 표현은 감정을 모방한 것일 뿐, 실제로 감정을 느끼는 것은 아니다. AI가 만든 문장에 감정을 느끼는 것은 우리가 거기에 감정을 부여하기 때문인지도 모른다.

AI는 정교해지고, 사람과의 구별이 점점 더 어려워지고 있다. 그러나 감정의 외형을 흉내 내는 것과, 감정을 느끼고 조율하며 맥락 속에 녹여 내는 것은 전혀 다른 일이다.

기술이 아무리 발달해도 판단은 사람의 몫이다. 기술이 제안하는 수많은 문장들 중에서 무엇을 취하고 버릴지 결정하는 것은 방송 작가의 몫이다. AI는 방송을 빠르게 만들어 준다. 그러나 온기를 불어넣고, 사람의 이야기를 만드는 일은 언제나 사람의 손에서 완성된다.

참고문헌

대니얼 웨그너·커트 그레이(2017). 《신과 개와 인간의 마음》. 최호영 옮김. 추수밭.

박동미(2025.3.27). "AI 시대와 '글쓰기 주권'". 《문화일보》, https://www.munhwa.com/article/11494234

서가정

동아대학교 국어국문학과를 졸업했다. KBS부산방송총국 보도국과 KBS창원방송총국 편성제작국에서 방송 작가로 근무하는 동시에, 경성대학교 AI미디어학과에서 강의하고 있다. 2007년 라디오 작가를 시작으로 지금까지 다양한 방송 현장에서 사람들의 이야기를 전해 왔다. 다큐멘터리, 교양, 시사, 정보 프로그램을 제작하며 '무엇을 어떻게 말할 것인가'가 늘 고민이다. 최근 AI 기술이 방송 제작 현장에 빠르게 들어오면서, 작가로서의 일과 태도에도 많은 변화가 찾아왔다. 기술을 경계하기보다 어떻게 활용하고 함께 작업할 수 있을지를 고민하며 현장에서 답을 찾고 있다. 스스로를 표현하는 수식어 중 가장 좋아하는 말은 '쓰는 사람'이다.